AF349475

L'ÉCOLE DE DROIT

D'ALAIS.

EXTRAIT

De la *Bibliothèque de l'École des Chartes*,

TOME XXXI.

L'ÉCOLE DE DROIT

D'ALAIS

AU XIIIe SIÈCLE.

*Mémoire lu à l'Académie des Inscriptions et
Belles-Lettres*

PAR

EUGÈNE DE ROZIÈRE,
Inspecteur général des Archives.

———◆———

PARIS,

<table>
<tr><td>DURAND et PEDONE-LAURIEL</td><td></td><td>ERNEST THORIN</td></tr>
<tr><td>libraires,</td><td></td><td>libraire,</td></tr>
<tr><td>9, RUE CUJAS.</td><td></td><td>7, RUE MÉDICIS.</td></tr>
</table>

1870.

L'ÉCOLE DE DROIT

D'ALAIS

AU XIIIᵉ SIÈCLE.

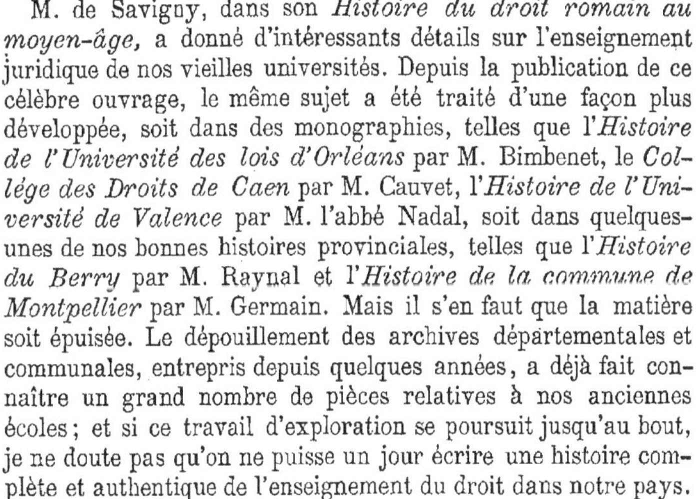

M. de Savigny, dans son *Histoire du droit romain au moyen-âge,* a donné d'intéressants détails sur l'enseignement juridique de nos vieilles universités. Depuis la publication de ce célèbre ouvrage, le même sujet a été traité d'une façon plus développée, soit dans des monographies, telles que l'*Histoire de l'Université des lois d'Orléans* par M. Bimbenet, le *Collége des Droits de Caen* par M. Cauvet, l'*Histoire de l'Université de Valence* par M. l'abbé Nadal, soit dans quelques-unes de nos bonnes histoires provinciales, telles que l'*Histoire du Berry* par M. Raynal et l'*Histoire de la commune de Montpellier* par M. Germain. Mais il s'en faut que la matière soit épuisée. Le dépouillement des archives départementales et communales, entrepris depuis quelques années, a déjà fait connaître un grand nombre de pièces relatives à nos anciennes écoles ; et si ce travail d'exploration se poursuit jusqu'au bout, je ne doute pas qu'on ne puisse un jour écrire une histoire complète et authentique de l'enseignement du droit dans notre pays. En attendant, il est bon que chacun produise les documents qu'il possède, et je viens aujourd'hui donner l'exemple en apportant ma pierre au futur édifice.

La plupart des grandes écoles du moyen-âge se sont formées par la réunion spontanée de quelques élèves autour du maître qu'ils s'étaient choisi. Il est rare qu'on rencontre à l'origine de ces établissements l'intervention d'un pouvoir supérieur, ecclésiastique ou laïque. C'était seulement après de longues années d'épreuve, quand l'existence de l'école s'était affermie, quand la célébrité des professeurs et l'affluence des étudiants avaient consacré sa réputation, que les rois, les empereurs et plus souvent les papes, la prenaient sous leur patronage, confirmaient ou modifiaient ses statuts, réglaient les conditions et la forme de ses promotions, lui donnaient pour protecteur et surveillant un dignitaire de l'Eglise ou de l'Etat, et l'élevaient enfin au rang de *studium generale,* titre honorifique dont il serait difficile de préciser la signification légale, mais qui avait pour but de faire savoir à tous les peuples catholiques qu'ils pouvaient fréquenter ses cours et reconnaître la validité des grades qu'elle conférait. Telle a été la marche suivie par les écoles de Paris, d'Orléans, de Montpellier, et par le plus grand nombre des universités italiennes. Je ne connais en France d'autre exception que l'école de Toulouse, qui fut créée de toutes pièces par une bulle du pape Grégoire IX, et imposée au comte Raymond comme une des conditions de sa paix avec l'Eglise.

Mais à côté de ces établissements fameux, nés de l'initiative privée, développés par l'esprit d'association, qui attiraient des étudiants de tous les points de l'Europe, et qui ont fini par embrasser l'ensemble des connaissances humaines, nous trouvons au moyen-âge, et notamment au XIII° siècle, un certain nombre d'écoles plus modestes, fondées par les villes dans l'intérêt de leurs habitants et destinées spécialement à l'enseignement de la jurisprudence. Quelques-unes, comme celles de Pise et de Pérouse, ont su profiter des circonstances pour conquérir le titre de *studium generale.* D'autres ont conservé le caractère municipal, et comme elles n'ont eu qu'une existence éphémère, c'est à peine si leur souvenir est parvenu jusqu'à nous. Parmi ces dernières, M. de Savigny cite les écoles de Verceil et de Rimini en Italie, celles de Vienne et de Lyon en France. Il faut désormais y joindre l'école d'Alais, dont l'existence est révélée par les documents que j'ai découverts aux archives de cette ville.

Ces documents sont au nombre de trois. Le premier contient une procuration donnée par les consuls à Pierre Spate, le 6 mai 1290, à l'effet de traiter avec Jean de Montlaur, chanoine de Maguelonne, ou tout autre docteur à son refus, pour l'ouverture d'un cours de droit canon dans la ville d'Alais. Le second et le troisième renferment les traités conclus avec Armand de Jeco, chanoine de Vaison, et Raymond Soquier, professeur d'Avignon, les 18 juin 1290 et 2 mars 1291, par lesquels ces deux docteurs s'engagent à venir enseigner dans ladite ville d'Alais, l'un les Décretales, l'autre le droit romain. Quelques mots suffiront pour résumer les indications que ces trois actes fournissent.

Il paraît d'abord bien certain que l'école n'existait pas avant 1290. Dans le pouvoir donné à Pierre Spate les consuls disent expressément qu'elle était de création nouvelle, *pro utilitate studii noviter faciendi.* On doit présumer en outre que Jean de Montlaur, sur qui le choix des consuls s'était d'abord porté, refusa les propositions que Pierre Spate était chargé de lui faire, puisqu'on voit un mois plus tard ce même mandataire traiter avec Armand de Jeco. D'après les clauses du contrat, les consuls devaient fournir au professeur un logement convenable ainsi qu'un local pour ses cours; de son côté celui-ci s'engageait à garnir ce local des bancs nécessaires et à ne rien négliger pour attirer les étudiants. Ce dernier engagement paraîtrait aujourd'hui peu digne; mais il était conforme aux mœurs universitaires du moyen-âge. Les relations du maître et des élèves étaient alors plus étroites et plus durables que de nos jours, et quand un professeur en renom quittait une ville, il n'était pas rare de voir une partie de son auditoire émigrer avec lui. Pour se créer une clientèle certains docteurs recouraient à des manœuvres condamnables; ils allaient solliciter les étudiants dans leurs chambres, leur faisaient des cadeaux ou leur prêtaient de l'argent; quelques-uns employaient comme intermédiaires des marchands, des cabaretiers et jusqu'à des femmes de mauvaise vie. Les rédacteurs des statuts s'efforçaient de réprimer ces honteuses pratiques; mais en cherchant à protéger le professeur contre une concurrence déshonnète, ils arrivaient en quelque sorte à considérer l'élève comme sa propriété. Les plus anciens statuts que nous connaissions, ceux de l'université d'Arezzo, décidaient qu'il suffisait d'avoir suivi pendant une semaine les leçons d'un professeur pour être regardé comme son élève, et que le professeur qui recevrait plus de quatre fois à son cours l'élève d'un autre professeur serait passible d'amende et de dommages-intérêts [1]. Ce droit à la fidélité de l'élève devenait même parfois l'objet de singuliers marchés. En 1279, on voit un professeur de Bologne, qu'une maladie forçait d'inter-

---

1. Le texte de ces statuts, publié d'abord par Lorenzo Guazzesi (in-4°, Pise, 1766), a été reproduit par M. de Savigny, t. IV, append.

rompre son enseignement, louer tout ensemble à un de ses confrères sa salle et ses auditeurs [1].

Armand de Jeco devait commencer son cours le 29 septembre, jour de la fête de S. Michel, et le continuer sans interruption, de manière à pouvoir lire dans l'année le livre entier des Décrétales, conformément à l'usage reçu dans les autres écoles de la province. Son traitement était fixé à la somme de quarante livres coronates, payables en deux termes égaux, le jour même de l'ouverture du cours et le jour de la mi-carême. Les consuls s'étaient engagés à n'appeler pendant la durée du contrat aucun autre professeur de Décrétales ; mais comme ils ne pouvaient empêcher un professeur libre de venir s'installer à Alais, ils avaient promis que, si le cas se réalisait, le traitement d'Armand de Jeco serait augmenté de dix livres. Cette stipulation prouve que le salaire officiel n'était pas le seul profit qu'Armand de Jeco prétendît tirer de ses leçons, et que contrairement à l'opinion des plus célèbres docteurs [2] la ville d'Alais lui permettait de cumuler avec ce salaire les honoraires qu'il pourrait obtenir des étudiants. On avait également prévu les obstacles que la fondation de l'école pouvait rencontrer. Depuis 1243 la seigneurie d'Alais était partagée entre le roi de France et la famille Pelet [3]. Comme souverains du territoire les deux co-seigneurs avaient le droit de refuser leur autorisation, et les consuls devaient craindre qu'ils ne vissent avec défaveur un établissement, à la création duquel ils n'avaient pris aucune part. On pouvait aussi redouter l'intervention de l'évêque de Nîmes. Partout en Europe les mœurs avaient donné au clergé un rôle prépondérant dans le haut enseignement ; à Padoue, à Ferrare, à Pise, à Pérouse, à Montpellier, l'évêque était revêtu des fonctions de chancelier et présidait à la collation des grades ; à Bologne, à Paris, à Toulouse, à Orléans, à Salamanque, la surveillance appartenait à l'archidiacre, au chancelier du chapitre ou à l'écolâtre ; il était donc naturel que

1. « Dominus Egidius concessit eidem magistro Garsiæ scolas suas pro anno » sequenti et omnes scolares suos. » Cf. Sarti, *De claris archigymnasii Bononiensis professoribus*, part. II, pag. 131.

2. On lit dans la *Summa Ostiensis :* « Utrum a scholaribus collectam facere » vel levare possit? Distinguunt doctores, et dicunt indistincte quod sic, *si non* » *percipiat salarium de publico.* »

3. Voy. *Recherches historiques sur la ville d'Alais* (1860, in-8°), pag. 161.

l'évêque de Nîmes voulût avoir la haute main sur la nouvelle école fondée dans son diocèse. Aussi le traité portait-il que si quelque opposition s'élevait de la part de l'évêque ou des co-seigneurs, Armand de Jeco n'en aurait pas moins droit à l'intégralité de son traitement, mais que si l'empêchement venait de son propre fait, il ne recevrait qu'une somme proportionnée au temps pendant lequel il aurait enseigné.

Le contrat passé avec Raymond Soquier offre la plus grande analogie avec celui que je viens d'analyser. Les conditions sont les mêmes pour ce qui tient au logement du professeur, au jour de l'ouverture des cours et même à la promesse d'attirer le plus grand nombre possible d'étudiants. Le traitement est également payable en deux termes ; mais les livres tournoises ou melgoriennes ont remplacé les coronates, et les termes sont fixés aux fêtes de Noël et de la Pentecôte. Une différence plus importante doit être signalée dans la durée du contrat ; l'engagement d'Armand de Jeco n'était que d'un an, celui de Raymond Soquier est de quatre années, avec faculté de le résilier à l'expiration des deux premières. Enfin Raymond Soquier promet d'être le conseil de la ville et de seconder les consuls dans leur administration.

Au milieu de ces dispositions on rencontre certaines expressions techniques, qui rappellent l'organisation de l'enseignement dans les universités du moyen-âge. Il est dit dans le premier traité que le logement promis par les consuls doit être suffisant pour les professeurs et ses quatre *socii*. Quel est le véritable sens de ce dernier mot ? Faut-il le prendre dans son acception la plus large et l'appliquer aux parents, aux amis, aux domestiques, qu'Armand de Jeco pouvait amener avec lui ? Je ne le crois pas, et l'exemple de ce qui se passait ailleurs me fait supposer qu'il s'agit ici de compagnons d'un genre tout spécial. Dans la langue des glossateurs le mot *socius* exprime ces rapports étroits qui existaient entre le maître et l'élève, et dont j'ai précédemment parlé. A ce point de vue tous les étudiants pouvaient être qualifiés de *socii*, et ils le sont en effet dans une foule de passages. Mais dans les statuts de Bologne ce mot reçoit une signification plus restreinte et désigne l'étudiant pauvre qui habitait chez un professeur ou chez un autre étudiant et qui était entretenu à leurs frais. Il était naturel que les *socii* de cette espèce s'employassent au service de leurs bienfaiteurs. Ceux qui étaient entretenus aux frais d'un professeur remplissaient auprès de lui le rôle de *repetitores* ; ils développaient dans des conférences particulières les principes de son enseignement et donnaient l'explication détaillée des textes qu'il avait lus à son cours. Ils étaient même dans quelques villes chargés de conduire les élèves aux leçons du maître [1]. Ne sommes-nous pas en droit de penser que les *socii* d'Armand de Jeco appartenaient à cette classe d'étudiants ? Dans une école nouvelle, qui n'avait encore ni traditions ni discipline, les *repetitores* pouvaient être d'une grande utilité, et l'on comprend qu'un professeur isolé, chargé de créer tout un enseignement et livré à ses seules ressources, sentît le besoin de recourir à leur coopération.

Il n'est pas question de *socii* dans le second traité, mais bien d'un *extraordinarius,* dont le salaire était à la charge du professeur, mais devait dans certains cas être complété par la ville. Ici le doute n'est pas possible, la signification du mot *extraordinarius* étant déterminée d'une façon précise par les écrits des glossateurs et les statuts d'un grand nombre d'universités. On sait que depuis la renaissance des études juridiques l'usage s'était introduit de diviser les livres de droit en deux classes, selon le degré d'importance qu'on leur accordait. Ceux de la première classe étaient, dans l'ordre du droit civil, le *Digestum vetus* et le Code ; dans l'ordre du droit canonique, le Décret de Gratien et les Décrétales ; on les appelait *livres ordinaires,* parce qu'ils formaient la base de l'enseignement. Ceux de la seconde classe étaient nommés par opposition *livres extraordinaires;* c'étaient, dans l'ordre du droit civil, l'Infortiat, le *Digestum novum* et le *Volumen* (titre générique sous lequel on comprenait les Institutes, l'Authentique et les divers recueils de lois féodales ou de constitutions impériales admis dans le *Corpus juris*); dans l'ordre du droit canonique, le *Liber sextus Decretalium* et les Clémentines ; la connaissance en était réputée moins utile que celle des livres *ordinaires,* et les cours qui leur étaient consacrés étaient généralement moins suivis. Cette division fut bientôt appliquée aux heures des leçons. Les premières heures de la journée étant regardées comme plus favorables au travail furent

---

1. On lit dans les statuts de l'université d'Arezzo : « Item teneantur repeti-
» tores omnes scolares audituros lectiones que leguntur in scolis ducere ad
» scolas. »

réservées à l'explication des livres de la première classe et prirent le nom d'heures *ordinaires,* tandis que les heures de l'après-midi, pendant lesquelles on expliquait les livres de la seconde classe, reçurent le nom d'heures *extraordinaires.* Aussi les expressions *legere ordinarie* et *legere de mane, legere extraordinarie* et *legere de sero,* ne tardèrent-elles pas à devenir synonymes. Enfin la même division s'étendit aux professeurs. On donna le titre de professeurs *ordinaires* à ceux qui avaient le droit d'enseigner les matières considérées comme les plus importantes, et le titre de professeurs *extraordinaires* à ceux qui ne pouvaient enseigner que les matières accessoires. Dans le principe, les docteurs étaient seuls capables d'occuper une chaire *ordinaire,* et d'autre part les chaires *extraordinaires* étaient l'apanage exclusif des étudiants qui avaient rempli certaines conditions et conquis le grade de bachelier; mais cette distinction s'effaça peu à peu, et si les bacheliers ne s'élevèrent que par exception à l'enseignement des matières *ordinaires,* les docteurs furent autorisés à faire indistinctement des cours *ordinaires* et des cours *extraordinaires.* Le temps et les progrès de la science amenèrent de bien autres changements. On reconnut que les matières contenues dans les livres *ordinaires* n'offraient pas toutes le même intérêt, et que réciproquement les livres *extraordinaires* renfermaient certaines parties dont l'étude était indispensable. D'un autre côté l'examen approfondi des textes faisait naître chaque jour de nouvelles questions; les interprétations, les gloses, les commentaires se multipliaient à l'infini, et les professeurs, obligés d'entrer dans de longs développements, ne pouvaient plus accomplir leur tâche en une seule année. Il fallut subdiviser l'enseignement. On institua des chaires *extraordinaires* pour compléter l'explication des livres *ordinaires,* et dans quelques villes, par exemple à Montpellier, on en vint à créer des chaires *ordinaires* pour la lecture des livres *extraordinaires.* Plus tard, la qualification d'*ordinaire* ou d'*extraordinaire* donnée aux professeurs ne servit, comme c'est encore l'usage en Allemagne, qu'à marquer leur rang hiérarchique. Le sens de ces deux mots se transforma donc insensiblement; ils cessèrent de désigner des objets déterminés; mais ils conservèrent leur valeur relative, et tout en étant pris dans une acception générale, ils continuèrent à exprimer le rapport qui existe entre le *principal* et l'*accessoire.* Nos deux contrats sont antérieurs à cette transformation et représentent dans sa pureté primitive l'organisation qui vient d'être exposée. L'engagement pris par Armand de Jeco et par Raymond Soquier de faire des cours ordinaires, *legere ordinarie,* correspondait donc à la promesse d'enseigner, l'un le Décret ou les Décrétales, l'autre le *Digestum vetus* ou le Code. Quant à l'*extraordinarius,* que Raymond Soquier devait chercher à se procurer, c'était évidemment un bachelier ou quelque jeune docteur, chargé de compléter l'enseignement du maître par l'explication de l'Infortiat, du *Digestum novum* ou du *Volumen.*

Tels sont les seuls renseignements que nous possédions sur l'école de droit d'Alais. Je doute que son existence se soit prolongée au delà du professorat de Raymond Soquier. Si l'essai tenté par les consuls eût réussi, ou si leurs successeurs l'eussent renouvelé, il est probable qu'on en trouverait des traces dans les archives. Tout au moins peut-on affirmer que les étudiants d'Alais ne furent point organisés en université et que les professeurs ne se trouvèrent jamais en nombre suffisant pour former un collége de docteurs et conférer des grades. Cependant le souvenir de cette école éphémère se transmit aux générations suivantes et prit même avec le temps des proportions fort exagérées. En 1481, le chapitre étant en procès avec l'archevêque de Toulouse au sujet du prieuré de Caraman, produisit un mémoire dans lequel il vantait la fertilité du territoire d'Alais et rappelait que cette ville avait anciennement possédé une université ayant titre et rang de *studium generale.* La production de ce mémoire fut suivie d'une enquête[1], où trois témoins vinrent déposer qu'ils avaient vu dans les archives des pièces constatant *comment au temps passé les consuls alloient loyer des docteurs pour légir en la université du dit Alaiz loix et décret.* L'archiviste départemental du Gard, M. Bessot de Lamothe, qui a découvert ces curieux documents et qui les a récemment communiqués au Comité des travaux historiques, s'est laissé lui-même tromper par leurs affirmations. Il a cru qu'on pouvait les prendre au pied de la lettre et que la ville d'Alais avait réellement été le

---

1. Ce mémoire et l'enquête qui en fut la suite se trouvent aux Archives départementales du Gard, série G, n° 808. L'article 16 du mémoire est ainsi conçu : « Item villa ipsa Alesti est scita in bona et fertili patria, in fructibus » habundans, in eaque priscis temporibus ad causam fertilitatis et aliter » propter ejus descenciam fuit fundata *universitas studii generalis.* »

siége d'une université, inconnue jusqu'ici à tous les historiens.
Mais un savant membre de l'Institut, M. Jourdain, chargé de
rendre compte au Comité de la communication faite par M. de
Lamothe, a réduit à leur juste valeur les allégations du chapitre
et des témoins [1]. Avec l'autorité qui lui appartient dans tout ce
qui touche à l'histoire de l'enseignement, il a montré qu'une
véritable université n'aurait pu se constituer, vivre et dispa-
raître, sans laisser des traces de son existence; que dans les seuls
documents contemporains où il soit question de l'école d'Alais, le
mot *universitas* ne désigne point une corporation d'étudiants ou
de professeurs, mais bien la communauté des habitants, et qu'en
somme l'école dont il s'agit n'a jamais eu qu'une organisation
restreinte et n'a duré qu'un petit nombre d'années. J'adhère
d'autant plus volontiers à ces conclusions que les pièces men-
tionnées dans l'enquête me paraissent incontestablement les
mêmes que celles à l'examen desquelles j'ai consacré le présent
travail. Mais quoiqu'il faille beaucoup rabattre de la tradition
caressée par le patriotisme Alésien, la tentative faite par les
consuls en 1290 et 1291 n'en demeure pas moins un témoignage
intéressant de l'initiative communale et du mouvement de l'in-
telligence au XIIIe siècle.

I.

Anno Domini millesimo ducentesimo nonagesimo, scilicet pridie
nonas maii, domino Philippo rege Francorum regnante. Noverint
universi hujus scripti seriem inspecturi quod nos magister Guilel-
mus Audiberti notarius, Johannes Gobi et Petrus Mirati, consules
ville Alesti, cum occupati simus propter caritatem ville Alesti [2], que
debet fieri more solito in proximo instanti festo Ascensionis Domini,
et propter alia negocia consulatus nostri, quibus ad infrascripta ad
presens intendere non valemus, idcirco nos supranominati consules
pro nobis et pro tota universitate ville Alesti facimus, constituimus,
creamus et etiam ordinamus certum, verum ac specialem procura-

---

1. Le rapport de M. Jourdain a été lu au Comité le 1er mars 1869 et publié
dans la *Revue des Sociétés savantes*, IVe série, t. X.

2 Il faut entendre ici par *caritas* la fête patronale, qui se confondait proba-
blement avec une foire importante.

torem nostrum, syndicum et actorem et infrascriptorum negotiorum
nostri consulatus gestorem, Petrum Spate, hujus instrumenti exhi-
bitorem : videlicet ad dandum, promitendum, constituendum et assi-
gnandum pro nobis et nomine nostro et dicte nostre universitatis
et consulatus nostri venerabili et religioso viro domino Johanni de
Montelauro, canonico Magalonensi, archidiacono de Montealbezono,
vel cuicumque alteri volenti venire regere et legere jus canonicum
in Alesto, si ipsi domino Johanni venire legere non placet seu non
duceret concedendum, pensionem sive salarium, prout cum ipso
domino Johanne, vel, ipso nolente seu recusante venire, cum alio
quocumque poterit convenire, et super dicta pensione seu salario sol-
venda seu solvendo ipsi domino Johanni vel alicui cuicumque tempore prefixo seu prefigendo seu temporibus statuendis inter ipsum
Petrum Spate ex una parte et dictum Johannem vel quemcumque
alium ex altera nos et successores nostros futuros consules in
Alesto, universitatem predictam et bona consulatus nostri et dicte
universitatis pro jam dictis solutionibus atendendis et aliis pactis,
si que per dictum Petrum vice nostra et nomine una cum predicto
domino Johanne seu quocumque alio pro utilitate dicte ville et
studii ibi noviter faciendi inientur seu inita fuerint, obligandum;
quam assignationem salarii seu pensionis predictorum factam seu
faciendam per jam dictum Petrum perinde esse volumus ac si una
nobiscum totaliter facta foret. Super quibus omnibus et singulis
damus et concedimus eidem Petro Spate procuratori nostro et syn-
dico administrationem liberam et potestatem plenariam ac manda-
tum etiam specialem, promitentes per stipulationem sub ypotheca
et obligatione omnium bonorum nostri consulatus et dicte universitatis tibi infrascripto notario ac persone publice sollempniter stipulanti et recipienti vice et nomine ac ad opus supradicti domini
Johannis de Montelauro vel alterius cujuscumque, illius scilicet
cujus intererit seu poterit interesse, prout cum eo, nolente dicto
domino Johanne vel recusante, idem Petrus convenerit, nos et successores nostros futuros consules pro tempore in Alesto ratum et
firmum perpetuo habituros quidquid per supradictum procuratorem
nostrum, syndicum seu negotiatorem premissorum gestorem super
premissis et qualibus premissorum et circa premissa vice nostra
et nostre universitatis predicte actum, dictum, factum ve[l] assigna-
tum fuerit promissumque seu statutum.

Acta sunt hec in operatorio mei notarii subscripti, in Alesto, testi-
bus presentibus domino Guilelmo de Mejanis presbitero, Bertrando
de Montayranicis, Rostagno Imberti et me magistro Bertrando de

Manso, publico Alestensi notario, qui ad requisitionem dominorum consulum predictorum hec in publica forma redegi et signum meum apposui phisyco [1].

II.

In Christi nomine, anno Incarnationis ejusdem MCCLXXXX, scilicet XIV kalendas julii, domino Bertrando de Baucio principe Aurasice existente et domino Rostagno de Sabrano preceptore tenente dominium Hospitalis in Aurasica. Notum sit omnibus modernis hominibus et futuris quod dominus Armandus de Jeco, canonicus Vasionensis, doctor decretorum, promisit et guevit Johanni Gobi consuli Alestensi et Petro Spate scindico Alestensi, ut asserebatur, presentibus, recipientibus et stipulantibus nomine universitatis hominum de Alesto, legere Decretales ordinarie in villa Alestensi Nemausensis diocesis anno futuro, scilicet a festo S. Michaelis proxime venturi usque ad finem dicti libri Decretalium. Promisit dictus dominus Armandus incipere, mediare et finire bene et fideliter, pro posse suo, ad utilitatem et comodum scolarium ibi commorantium et audientium, dictum librum, secundum quod est consuetum in aliis studiis provinciæ. Et predictus Johannes et Petrus, consul et syndicus, ut asseritur, dicte ville Alesti, nomine suo et nomine universitatis dicte ville Alesti, promiserunt et gueverunt et per pactum solvere predicto domino Armando, presenti, stipulanti et recipienti, quadraginta libras coronatorum pro salario et ex causa salarii sui pro lectura dicti libri, scilicet viginti libras in festo S. Michaelis proxime venturi et alias viginti libras in media quadragesima proxime ventura. Promiserunt etiam predicti Johannes et Petrus nominibus quibus supra domino Armando stipulanti et per pactum expressum quod habebunt sibi ad eorum et dicte universitatis proprias expensas hospicium sufficiens pro ipso et pro quatuor sociis suis et scolas sufficientes in dicto hospitio vel alibi in dicta villa, si in dicto hospitio esse non possent; tamen dictus dominus Armandus debet facere ad ejus proprias expensas bancos scolarium predictorum. Promiserunt et predicti Johannes et Petrus nominibus quibus supra dicto domino Armando stipulanti et per pactum expressum se facturos et curaturos ad effectum quod nullus alius leget ibi per dictum tempus Decretales cum salario vel sine salario, et ad

1. Ainsi porte la copie qui m'a été transmise et qui paraît mériter toute confiance.

hoc specialiter se obligaverunt per pactum dicto domino Armando presenti et stipulanti, scilicet quod nullus alius leget ibidem in dicto tempore Decretales, nisi tantummodo predictus dominus Armandus; et si contingeret quod aliquis legeret sine salario ibidem dicto tempore Decretales, promiserunt sibi aucmentare salarium suum in decem libras coronatorum, ita quod habeat pro salario et ex causa salarii in casu predicto quinquaginta libras coronatorum pro lectura dicti libri. Fuit etiam in dicto pacto inter dictum dominum Armandum et predictos Johannem et Petrum predictis nominibus quod si contingeret quod lectura sua dicti libri aliquo modo in dicta villa Alesti impediretur pro aliquo impedimento vel pro aliqua inhibitione per curiam domini regis Francie vel per curiam domini Petri Peleti [1] vel per dominum episcopum Nemausensem vel ejus curiam vel per aliquem alium, ita quod ibi non posset legere comode in pace et quiete, quod nichilhominus dictus dominus Armandus habeat et habere debeat salarium suum, ut supra dictum est, et dictum salarium suum sibi solvere promiserunt, quamvis ibi non legeret, postquam non remaneret per ipsum dominum Armandum. Item fuit in pacto inter dominum Armandum et predictos Johannem et Petrum predictis nominibus quod si contingeret dictum dominum Armandum impediri casu canonico vel infirmitate, ita quod non posset complere et finire lecturam dicti libri, quod debeat pro rata temporis quo legerit dictum librum habere salarium supra dictum; et promisit dictus dominus Armandus procurare et facere quod habeat tot scolares quot habere potuerit in studio supradicto. Item fuit in pacto inter dictum dominum Armandum et dictos Petrum et Johannem predictis nominibus quod si ipsi vel aliquis per se vel per alios contra predicta vel aliquid de predictis venirent in aliquo, de facto vel de jure, ita quod nollent procurare omnia et singula supradicta per eos ad invicem promissa, et aliquis vel aliqui ipsorum dampna aliqua vel gravamina sustinerent vel interesse aliquod incurrerent vel expensas aliquas facerent in judicio vel extra judicium occasione predicta, dampna omnia, gravamina, interesse et expensas hujusmodi promiserunt sibi ad invicem reddere et restituere plenarie ad ipsorum vel alterius eorum omnimodam voluntatem, et de dampnis hujusmodi, gravaminibus, interesse et expensis

---

1. D'après les auteurs des *Recherches historiques sur la ville d'Alais*, p. 166, Pierre Pelet serait mort en 1282 et aurait été remplacé à cette date dans la coseigneurie d'Alais par son fils Raymont Pelet. Le document que nous publions, s'il ne s'y est pas glissé d'erreur, prouve que Pierre Pelet était encore co seigneur d'Alais en 1290.

promiserunt sibi ad invicem credere simplici verbo ipsorum et cujuslibet eorum sine sacramenti prestatione et qualibet alia probatione; que dampna etiam, gravamina, expensas et interesse promiserunt sibi ad invicem alter alteri solvere et reddere et restituere in integrum in omni curia seculari vel ecclesiastica, in qua alter alterum conveniret, facientes sibi pactum ad invicem quod in quacumque curia convenirentur, seculari vel ecclesiastica, quod ibi juri parebunt et respondebunt et venient et quod non opponent exceptionem fori declinatoriam nec aliquam aliam facti vel juris, propter quam predicta vel aliquid de predictis possent in aliquo impediri, dilatari, cassari vel infringi vel etiam anulari. Ymo promiserunt sibi ad invicem quod observabunt, tenebunt et complebunt et attendent cum effectu omnia et singula supradicta, ut superius sunt expressa, et renuntiaverunt in omnibus et singulis supradictis per pactum expressum oblationi libelli et translato hujus instrumenti et ejus note habendo et privilegio fori et quadrantibus induciis et viginti dierum dilationi et omni alii dilationi et omni privilegio et omni juri, rationi, usui et consuetudini et omni statuto et omni exceptioni facti et juris, per quod vel per quam contra predicta vel aliquid de predictis venire possent seu vellent et se defendere seu tueri, et predicta omnia et singula servare, complere et attendere et contra non venire in aliquo per se vel per alios de jure vel de facto, in judicio vel extra judicium, aliqua causa vel aliqua ratione, per stipulationem sollempnem et sub obligatione omnium bonorum suorum et dicte universitatis dicte ville Alestensis sibi ad invicem bona fide et sine dolo et fraude promiserunt et ad sancta Dei evangelia ab ipsis omnibus corporaliter tacta juraverunt.

Acta fuerunt hec apud Aurasicam, in stari Bernardi Maurenga, civis quondam Aurasice, in viridario. Testes interfuerunt vocati et rogati dominus Gulielmus de Vasyone, jurisperitus Aurasicensis; dominus Bertrandus Clerici, jurisperitus Aurasicensis; Raymundus Lamberti; Johannes Martini; dominus Philippus de Roculis, canonicus Brivatensis, et ego Raymundus Caronis, notarius publicus Aurasicensis, qui predictis omnibus et singulis presens interfui et de mandato ac voluntate dictarum partium hanc cartam publicam propria manu scripsi et bulla dominorum Aurasice bullavi et signo meo signavi.

III.

Notum sit omnibus quod anno Domini MCCLXXXXX, scilicet

sexto nonas marcii [1], existentibus dominis civitatis Avinionensis domino Philippo, Dei gratia rege Francorum, et domino Karolo, eadem gratia comite et marchione Provincie et comite Fulcalquerii, cum Guillelmus Audeberti et Petrus Mirati, consules ville Alesti, de voluntate, assensu et mandato, ut dicebant, totius universitatis et omnium et singularum personarum ville de Alesto, nomine suo et nomine aliorum conconsulum et habitatorum dicte ville, tractarent et procurarent de studio faciendo et habendo in villa de Alesto predicta in anno sequenti, scilicet a festo S. Michaelis proxime venturi in unum annum, et deinceps duobus et tribus vel quatuor subsequentibus, et inter cetera tractarent quod dominus Raymundus Soquerii, regens in legibus in civitate Avenionensi, in villa de Alesto legeret seu regeret in legibus ordinarie annis et temporibus superius memoratis, tandem dicti consules constituti in presentia venerabilium et religiosorum virorum dominorum P. Dei gratia abbatis monasterii Sandracensis [2] et P. vicarii prepositi Avinionis, nomine suo et nomine conconsulum suorum de Alesto, videlicet Johannis Gobi et Guillelmi Gonterii, et totius universitatis et omnium et singulorum hominum et habitatorum de Alesto, ex una parte, et dictus dominus Raymundus Soquerii ex altera, ita super predicto studio faciendo et futuro in dicta villa temporibus supradictis et ordinariis in posterum dicti consules et dictus dominus Raimundus ad invicem convenerunt : videlicet quod dictus dominus Raimundus Soquerii concessit et promisit dictis consulibus nominibus quibus supra interrogantibus et stipulantibus regere ordinarie et continue in legibus per dictos quatuor annos et quolibet eorum bene et fideliter pro posse suo et dicti studii utilitatem commode procurare, et vice versa dicti consules nomine suo et nominibus quibus supra convenerunt et promiserunt dicto domino Raimundo presenti, interroganti et solempniter stipulanti, dare et solvere pro remuneratione sui laboris et pro salario pro quolibet anno predictorum quatuor annorum sexaginta et decem libras turonenses vel melgorienses et hospitium gratis ad habitandum, bonum, decens,

---

1. Cette date correspond au 2 mars 1291 (nouveau style).

2. L'abbaye de Cendras ou Sendras était située à une lieue au nord d'Alais. La liste de ses abbés donnée par le *Gallia christiana* en contient plusieurs du nom de Pierre; mais aucun ne paraît avoir vécu en 1291. Il est donc probable que cette liste est incomplète, et je proposerais d'intercaler entre l'abbé Géraud, qui en 1280 s'excusa d'assister au concile de Béziers, et l'abbé Jean, qui en 1317 se fit représenter au concile tenu dans la même ville, un nouvel abbé du nom de Pierre, dont l'existence est révélée ici.

sufficiens et ydoneum, in quo hospitio possit facere scolas et habitare, ad cognitionem et arbitrium dictorum consulum; et quod solvant et solvere teneantur sexaginta et decem libras predictas temporibus infrascriptis, scilicet medietatem dictarum sexaginta et decem librarum in festo Nativitatis Domini proxime venturo et aliam medietatem in festo Pentecostes proxime tunc subsequenti, et sic in sequentibus singulis annis alias sexaginta et decem libras turonenses vel melgorienses et hospitium gratis ad habitandum et ad scolas faciendas, quamdiu dictus dominus Raimundus legerit in villa de Alesto predicta. Et fuit ex pacto expresse inhito solempni stipulatione vallato inter partes predictas quod dictus dominus Raimundus legeret in dicta villa continue et ordinarie et in legibus per quatuor annos continue computandum a festo beati Michaelis proxime venienti in antea; et quod det et dare teneatur consilium et auxilium in omni causa civili et negotio pertinente seu pertinenti vel pertinentibus in futurum dictis consulibus et eorum successoribus et universitati ville supradicte, salvo honore dominorum de Alesto et in villa de Alesto; et quod dictus dominus Raymundus procuret utiliter et procurabit in futurum toto posse suo quod ipse habebit scolares et comitivam sufficientem temporibus supradictis, prout melius et utilius poterit procurare; et habebit extraordinarium cum salario vel sine salario, si ipsum potest commode habere; et si contingeret quod dictus dominus Raimundus daret magnum salarium dicto extraordinario, quod ipse solvat de suo ad arbitrium et cognitionem dominorum abbatis et prepositi predictorum, et dicti consules versa vice promiserunt facere auxilium predicto domino Raimundo de salario dicti extraordinarii ad cognitionem dominorum abbatis et preposili predictorum; et quod dictus dominus Raimundus possit quocumque de dictis duobus annis ultimis dictorum quatuor annorum a lectura desistere cum consensu vel licentia dictorum dominorum abbatis et prepositi vel dictorum consulum et eorum successorum in officio et dicti domini Raimundi, prout de eorum processerit voluntate. Que omnia et singula supradicta dicte partes integraliter tenere, inviolabiliter observare et contra in aliquo non venire aliqua ratione seu causa excogitata vel excogitanda, per se vel per aliquam aliam interpositam personam, bona fide sibi ad invicem promiserunt sub obligatione omnium bonorum suorum et universitatis predicte et omnium habitatorum et consiliariorum dicte ville, renunciantes dicte partes ex pacto solempni stipulatione vallato petitioni et oblationi libelli et actorum et cujuslibet scripture confectioni et omni dilationi, exceptioni, compositioni, defensioni et appellationis recursui et reclamationi, ita quod quilibet judex et qualibet curia possit et debeat predictas partes ex plano et sine strepitu judicii et singula et quelibet eorum ad observationem predictorum compellere juris remediis, ac si sentenția super predictis contra partem quamlibet per competentem judicem esset lata et in rem judicatam transacta. Renunciaverunt etiam partes predicte et quelibet earum omni juri canonico et civili, scripto et non scripto, promulgato et promulgando, statutis et consuetudinibus et privilegiis et etiam rescriptis et omnibus aliis juris et facti auxiliis et beneficiis, quibus contra predicta possent facere vel venire vel in aliquo se juvare predicte partes vel aliqua ipsarum, et principaliter juri dicenti generalem renunciationem non valere, et ita complere et attendere dicte partes super sancta Dei evangelia juraverunt, scilicet Guillelmus Audeberti et Petrus Mirati consules nomine suo et nomine dicte universitatis et omnium habitatorum dicte ville ex una parte, et dictus dominus Raimundus nomine suo ex altera. Item promiserunt dicti consules se facturos et curaturos quod eorum conconsules et eorum etiam successores et consilium predicte ville de Alesto obligabunt se eodem modo domino Raimundo predicto, sicut obligaverunt se ipsi domino. Item voluerunt dicte partes quod presens instrumentum possit dictari, corrigi et emendari semel et pluries et in eo addi vel distrahi una clausula vel plures, productum in judicio vel non productum, ad cognitionem cujuslibet sapientis, facti tamen sustantia in aliquo non mutata, donec habeat et robur obtineat perpetue firmitatis, et se predictis omnibus et singulis dicte partes et quelibet earum petierunt sibi fieri unum et plura publica instrumenta.

Factum fuit hoc Avinioni, in aula prepositure depicta. Testes presentes interfuerunt dominus Raimundus de Moreti, sacrista monasterii Sandracensis; dominus Petrus Duranti, dominus Bertrandus de Cavalhone, dominus Bernardus Marquesii, jurisperiti; dominus Hugo Capella, presbyter; dominus Guillelmus Ricavi, canonicus Uticensis; dominus Pontius Ricavi, canonicus Nemausensis; magister Petrus de Avinione, notarius; Franciscus de Rossono, clericus; et ego Bernardus Gervasii, publicus Avinionis notarius, hiis omnibus et singulis presens interfui, qui mandato et requisitioni dictarum partium hanc cartam scripsi, bullavi et signavi.

Nogent-le-Rotrou, imprimerie de A. Gouverneur.